I0013274

Bloker kæde Teknologi - den næste store ting

Introduktion til en teknologi,
der kan ændre verden

Sebastian Merz

© 2018, Sebastian Merz

Forlag: Books on Demand GmbH, København, Danmark

Tryk: Books on Demand GmbH, Norderstedt, Tyskland

ISBN: 978-8-7430-0317-5

Introduktion

Ved at bruge denne bog accepterer du fuldstændigt denne erklæring om ansvarsfraskrivelse.

Ingen råd

Denne bog indeholder information. Informationen er ikke et råd og skal ikke behandles som et.

Hvis du tror, at du er sygdomsramt, bør du straks søge lægehjælp. Du bør aldrig udskyde at søge lægehjælpe, se bort fra en læge, eller afbryde medicinsk behandling på baggrund af informationen i denne bog.

Ingen erklæringer eller garantier

I det omfang gældende love tillader det og med forbehold for nedenstående afsnit, udelukker vi alle erklæringer, garantier og tilsagn relateret til denne bog.

Uden at det berører den generelle anvendelse af det foregående afsnit, repræsenterer, garanterer eller erklærer vi ikke:

o   at informationen i denne bog er korrekt, akkurat, fuldstændig eller ikke-misledende.

o   at brugen af retningslinjerne I bogen vil føre til et bestemt udfald eller resultat.

Begrænsninger og udelukkelse af ansvar

Begrænsningerne og udelukkelsen af ansvar beskrevet i denne sektion og andetsteds i denne ansvarsfraskrivelse: er omfattet af paragraf 6 neden for; og regulerer alle forpligtelser, der er følger af ansvarsfraskrivelsen eller i forhold til bogen, herunder kontraktlige forpligtelser, erstatningsret (herunder uagtsomhed), og for overtrædelse af lovmæssige forpligtelser.

Vi vil ikke være ansvarlige over for dig med henblik på eventuelle tab, der udspringer af en begivenhed eller begivenheder uden for vores rimelige kontrolområde.

Vi vil ikke være ansvarlige over for dig med henblik på eventuelle drifts tab, herunder begrænsning af tab eller skade på fortjeneste, indtægter, omsætning, anvendelse, produktion, forventede besparelser, forretning, kontrakt, kommercielle muligheder eller goodwill.

Vi vil ikke være ansvarlige over for dig i forbindelse med tab eller ødelæg gelse af data, databaser eller software.

Vi vil ikke være ansvarlige over for dig i forbindelse med en speciel, indi rekte eller følgeskadestab eller ødelæggelse.

Undtagelser

Intet i denne ansvarsfraskrivelse skal: begrænse eller udelukker vores ansvar for død eller personskade som følge af uagtsomhed; begrænse eller udelukke vores forpligtelser for bedrageri eller svigagtig vildledning; begrænse nogen af vores forpligtelser på nogen made, der ikke er tilladt i forhold til gældende lov; eller udelukke nogen af vores forpligtelser, der ikke kan udelukkes i forhold til gældende lov.

Adskillelse

Hvis et afsnit af denne ansvarsfraskrivelse er dømt ulovlig ved en domstol eller anden kompetent myndighed og dermed ikke kan håndhæves, opretholdes resten af ansvarsfraskrivelsesafsnittene fortsat.

Hvis en del af et ansvarsfraskrivelsesafsnit dømmes ulovligt og ikke kan håndhæves, slettes dette, og resten af afsnittet vil fortsat være gældende.

Lov og jurisdiktion

Denne ansvarsfraskrivelse vil blive underlagt og fortolket i overensstemmelse med schweizisk ret, og eventuelle stridigheder vedrørende denne ansvarsfraskrivelse vil være underlagt de schweiziske domstoles eksklusive kompetence.

Bloker kæde   **11**

HVAD S DET Bloker kæde   **12**

  Nøglen overvejelser for banks exploring Bloker kæde
  include: *17*

HVORDAN ER DET DENNE FORETRUKTIGE VORES
BORGENDE BANKSYSTEM?   **19**

BITCOIN   **23**

  Karakteristika af Bitcoin   *29*

  Det rigtige, der passer til Bitcoin   *31*

FORDELE OF Bloker kæde teknologi   **33**

Udfordringer OF Bloker kæde teknologi   **36**

  Hvordan bliver Jo block kæde work?   *39*

  Lyder too god to være true.   *42*

  So ... despite this risk Jo Bank of England likes den thing
  der sounds ligesom it could sætte dem out of
  virksomhed?   *44*

FRAMTIDEN AF Bloker kæde   **48**

  Hvad is changing?   *49*

  Implications   *52*

Bloker kæde

Blåck chain, mest kendt som bagbenet bagved Bit Coin, er en af de bedste og mest spændende teknologier, som altid er i mærkningen. Da 2013 Google-søgninger for "blikke" har været 1900%. Lignende til at forstå det, har det potentiale til at forstyrre flere fremskridt og gøre ordninger mere dummoriginal, gennemskuelige og effektive. Iværksættere, opstartskoncepter, overvejer globale forhold og har alle identificerede blokkæder som en reel mulighed for at bestemme. Hvad er de vigtigste fordele, og hvad der er tilfældet med det, der er bedst om at sige noget?

HVAD S DET Bloker kæde

Den blinde kæde er en online-afklaret of-fentlig udgave af alle mulige træk, der har gjort plads. Det er helt sikkert, at det er en hovedbanegruppes fortolkning, som der er tale om, er to dele.

Just som vores modern banking systemet couldn't function uden Jo means at record Jo udvekslinger of fiat currency between individuals, so too kunne en digital network ikke function uden Jo tillid that comes from evnen to præcist record Jo exchange of digital currency between parties.

Det er afgørende i den forstand, at i modsætning til en troværdig bank, som er den eneste indehaver af en elektronisk storbogbog af sin opfattelse, fortæller det, at blokkæden er delvist fordelt på alle netværk af netværket, og det er ikke så rigtigt, og det er muligt af noget bestemt inden for vores land.

Hvis det fremgår, at det er noget, kan du vælge - den undvigende teknologi til krypteringsværdier, sådan som den er bestemt til at løse mange forskellige forhold, fordi banken er ved at være hurtigere, sikker og mere gennemsigtig. Fortæl om historien om blik er en af de uforudsete afklaringer.

Blokketeknologi, blev helt sikkert skabt som en vigtig faktor for Bitmøntoverskridelser. Det blev udnyttet i 2009 for at gøre det muligt for enkeltpersoner og overordnet at gennemføre træk uden at være nødt til at være en ren bank eller andre, men ved hjælp af en oversigt over alt, og det er muligt at kontrollere udviklingen. Fast-forward seven years, and an vifte of startups and etableret technology, banking and finansiere players today are betting on **Bloker kæde** to provide en pålidelig alternative at systems that afhænger on intermediaries and tredjepart validation of transaktioner. Deres mål er at leverage **Bloker kæde** fordelt hovedbog tilgang to skabe en system der decentralizes trust - en radical departure from eksisterende transaction behandling methods - to significantly slash alle typer of transaction gebyrer and reduce processing gange.

Jo disruptive potentiel of block chain is widely claimed to lige that of Jo early commercial Internet. En afgørende forskel er imidlertid, at mens internettet muliggør udveksling af data, kan du vælge at udveksle udveksling; det er det, det kan gøre det muligt for brugerne at skaffe sig handel og undvære overhovedet, uden at det er nødvendigt for store forhold, at skaffe og afregne og finde ud af, hvad der er nyt.

Selvom block chain is postuleret as an åbne system for transaction behandling across Jo financial system, banker are looking inward, experimenting Med den distributed ledger approach at skabe efficiencies and en enkelt version of digital sandhed.

Det kan også være en rigtig god måde at reducere dataene på, så det er muligt at forbedre og forbedre deres egenskaber.

Similar til Jo Internet and e-handel, an open-to-all **Bloker kæde** that forstyrrer Jo traditionelle finansielle marked might only result from trial-and-error deployments inden limited parameters, enten gennem internal trials or partnerskaber between incumbents og nystartede. Men for at indse, at det fulde potentiale af blockchain er det primære system, vil det godt være, at du bliver nødt til at se og begynde at starte med at blive mere indlysende. Når det er sagt, planlægger at deployere nødt til at besvare en række grundlæggende kendskab. I betragtning af at nogle af disse eksempler er udvalgt, er det kun nogle få løsninger, hvordan vil de også være med til at flytte til et blik? Fur-ther, givet blockchain s Fast-changing landscape, er det is kritisk to develop en thoughtful, long-term plan of action (fx experimenting, strategically Implementering and derefter scaling i en logical progression) for at sikre en vellykket transition fra centraliseret arv to fuldt distribueret digital behandling.

Nøglen overvejelser for banks exploring Bloker kæde include:

- Idéfürrtuni tuner til innovation.

- Bestemmelse af gennemførlighed og en del på nogle eksempler.

- Afprøvning af andet.

- Undgå den rigtige og dårlige sikker-hedssituation.

- Dissecting blokken kæde implementation: åben vs. permissioned.

- Planlagt for større skalerbarhed.

- Danner dele og tværfunktionelle og er næsten helt afgørende.

- Risiko udviser en meget god integri-tet, der sikres ved hjælp af data, der kun er kryptografisk. Dette til gen-gæld viser, at det er en byrde og nedskæringer i det mindste, at det er

17

sådan som din kunde (KYC) er indly-
sende.

HVORDAN ER DET DENNE FORETRUKTIGE VORES BOR-GENDE BANKSYSTEM?

Et decentraliseret monetært netværk fortæller, at ved at udnytte den helt for-bundne store økonomiske situation, kan man måske være klar over at være del af det, når det går til grunde. De 3 risici for et rent monetært system, der var et resultat af finanskrisen i 2008, er rent, likviditet og uhyre vigtig. I USA i løbet af 2008 har der været 504 bankfejl, det er bare at være 157 i 2010 alene. Typically sådan collapse does not jeopardize account indehaverens savings due to federal / national opbakning og insurance for Den første par hundred tusinde dollars / pounds, jo banks aktiver normalt being absorbed ved at another fin-ansielle institution men virkningen of den collapse can forårsage uncertainty og short-

tarm er med adgang til fund. Da en de-
centraliseret løsning er, fordi nettet ikke er
afhængig af en bank for at afdække det
første, der finansieres over to parter, men
snarere er afhængig af sine opgaver om at
godkende transaktioner, er det mere
bestemt for sådanne fejl, at det har lige så
mange fordringer. da der er medlemmer til
at fortsætte med at fortsætte med at blive
udtalt i tilfælde af en enkeltperson af "col-
lapsing" (se nedenfor).

En bank behøver ikke at fejle i stedet for
noget, men det er i orden I.T. mener, at der
for nylig blev truffet RBS og Llouds 'kunder
som deres konti, fordi vi måske kun kan u-
delukke besparelser, hvilket er et resultat af
en 30-40 år gammel arv I.T. infrastruktur,
der er fantastisk, uden at det er sjovt at
takke grunde af andre udgifter og en lang
række investeringer. En decentralised
system is not reliant on dette kind of
infrastructure, det i stedet being based on

Jo combined processing power af sin tens af thousands of brugere which ensures den ability to scale op as necessary, en fault i enhver part af Jo system not forårsager Jo network for at stoppe.

Det er ganske vist en reel risiko for centraliserede systemer. I 2001 argentinerede argentinske konti og indførte kapitalkontrol som et led i deres verdenskrise. I løbet af 2012 ændrede deres små muligheder for, at de kunne blokere for nogle af de nærmeste og de nærmeste banker kort få flere konti og udnytt op til 10% af individets besparelser for at hjælpe dig med at gøre det nemmere.

As Jacob Kirkegaard, an economist at den Peterson Institute for International Economics fortalte New York Times på Cyrpiot example, "Hvad deal afspejler er that being en usikrede eller even secured indskyder in euro area banks is not as safe as det used to være ." I et afledt system sker der ikke en bankfaktor og en transaktion, hvor betalingen kun er afledt af netværket, hvor der er så mange penge, at der ikke er nogen tredjepart for at stoppe en udvikling, overveje det eller afvige det helt uden for det.

BITCOIN

Bitcoin er stigende som en rigtig valuta udnyttet. Det er en slags penge, der u-delukkende er afholdt, og som udelukken-de gennemføres via internet. Flere ære og flere virksomheder begynder at udnytte det.

I modsætning til et amerikansk amerikansk eller europæisk, er det også en form for et system som f.eks. Et stort eller et rigtigt netværk.

Du kan finde ud af det, sænke det eller handle med det. Det kan være meget billigt og næsten lige som at sende en mening.

Bitcoin skal du også oprette transaktioner uden at afsløre dig selv. Få det bedste i det rigtige sted.

Man kan kun se disse transaktioner, som kun registreres. Denne tendens kan udgøre en ny tillid i økonomien. Det skyldes endog underfaldet af en anden narkotikabeslut-ning, hvilket betyder, at de blandede midler vælges helt og holdes af den amerikanske regering.

I mange tilfælde er bitcoin mere end blot en valuta. Det er en re-engineering af interna-tional finansiering. Det kan opløses meget mere, og det er valuta for de føderale for-brugere. Men det er stadig rigtigt i USA, fordi det er meget for det.

Det skyldes, at det først er meningen at sige det mildt. Bitcoin er udelukket af en kilde software. Det handler om de mange muligheder, og af de mennesker, der kollektivt fører tilsyn med denne software. Den anden kører på tusindvis af steder verden over, men det kan blive udbredt. Det kan kun ske, når man overvejer at overvåge softwaren til det.

Systemet er ofte blevet åbnet af programmerende programmerere for nogle år siden og blev valgt på internettet. Det var bestemt at løbe, ligesom en stor del af maskinerne kunne få bitcoinemner. Ingen på jorden kunne udøve en af disse måder.

Denne rigtige software har fået den nye valuta, hvilket skaber en række numre af muligheder. Især er bitcoins lige lange digitale adresser og størrelser, der er gemt i et mindre stykke, der kan vælge "blikke". Men det er sandsynligt, at det er langsomt at udvide, og for at sikre det, at man selvfølgelig skal forstå sagen.

Når systemet skaber nye resultater, giver det dem til de fleste. Mulighederne er mange af de store transaktioner og imellem dem til den fremtrædende hovedbog. Til gengæld får de privilegiet at tildele dem nogle få udvidede opfattelser. Lige nu bliver 25 bitcoins udbetalt til verdens mest omtagne gange pr. De rigtige kan komme længere.

Minearbejdere, der i øvrigt har mange private nøgler. De kan arbejde i sammenhæng med en bestemt form for underholdning. Hvis de ikke tilføjer en mindre, kan man forstå det.

På grund af det, kan du lave bitcoin på din hjemme-pc. Men efterhånden som bitcoins er blevet bedre, har minedannelsen spillet lidt af en slags rækkevidde. Først og fremmest er det vigtigt at finde hardware, og hurtig udnyttelse af strømmen har alle hoppet på hinanden.

I dag er alle de personer, der kæmper for de 25 bitcoins, 5, der er afgørende for det andet. For at sætte det i perspektiv, der er omkring 150 tider, som det er meget vigtigt som verdens mest forbløffende overordnede.

Og minedrift kan være rigtig rent. Det er nok, at disse brugerdefinerede maskiner automatisk opkræver dig for den oprindelige pris, og hver gang du er til levering er det meget, når det er sværere at få bitcoins. Det giver de mange penge, du kan få.

Hvorfor gøre disse bitcoins har value? Det er temmelig sant. De har levet i noget, som en del af de fleste vil, og de er i lige udstrækning. Skønt sæsonen fortsætter med at skrue ud, vil det komme til at se, når det kommer 21 gange, som blev planlagt til at glæde sig i omkring 2140.

Bitcoin har udstået mange i det store og hele. Men hvis du ser det første marked, kan du meget godt fluktuere. Det er helt sikkert for $ 13 omkring den store del af 2013. Da det har ramt $ 900, og det kan blive mere og mere end dagligt.

Den rigtige fremtid er meget mere end om en ny begivenhed. I en rigtig indflydelse er Cameron kun én af de to, der undviger i Markus Zuckerberg og en bitcoin, men det er klart, at der i hvert fald kan opstå et beløb på $ 40.000. Det er tider, hvad det er for.

En mere realistisk opfattelse viser, at det vil sige, at det helt sikkert kan komme til at fungere. Det betyder ikke, at det kun er muligt at udnytte det i det rigtige miljø, tilsyneladende er det nødvendigt med lange tider. Det vil også medføre fluktuationer, der gør det til et rimeligt formål at investere.

Stille bitcoin er den førende teknologi i dag. Meget ligesom i sin barndom, vil markedspladsen bestemme, om det er forbundet med denne type digitalt, og det er meget vigtigt, at det bliver muligt at se tømmerbranchen.

Karakteristika af Bitcoin

Bitcoin har karakteristika ved traditionelle udsigter som købekraft, og er primært planlagt ved hjælp af online handelssystemer. Det virker som om kun penge, kun i den opfattelse, at det kun kan eksistere i den rigtige verden.

En af dens unikke udtryk, der ikke kan matches af det store, er, at det er afgørende. Valutakursen løber ikke under en anden end en institution, som muliggør, at den ikke kan overholdes af disse initiativer, hvilket giver os fuld forståelse af deres opfattelser.

I øvrigt er transaktioner afhængige af brugen af Betingelser, der ikke ligner på nogen navne, adresser eller nogen anden grund til at blive bedt om at overveje, at de overhovedet ikke er tilfældige.

Hvert eneste aspekt er først og fremmest på en måde, som alle andre kan, det er det der kan sees. Hvis en bruger er en enkelt brugt tid, er det helt sikkert for alle at se, uden at det er noget af det, der er tilfældet.

Konti er nemme at skabe, medmindre der ikke er nogen grund til, at det er rigtigt, men det kan medføre, at det er i strid med frøerne, og det ses som følge af sagen.

I øvrigt vil det betyde, at gebyrer generelt vil blive svigtende. Bortset fra det nøjagtige, fordi det er muligt at behandle, er det ikke vigtigt at lægge et ansvar på sin konto.

Det rigtige, der passer til Bitcoin

I en verden af andre vigtige afgørelser ville det være umuligt at forstå, hvad der kan være andet end. Der er meget forskelligt, der måske kommer til at spille i det helt u-den for. Hvis det vil løbe i nogle tilfælde, vil det hurtigt blive udskilt af en anden kryp-tomargin, som vil overholde de grundlæg-gende. I modsat fald vil den nøjagtige virkning få Bitcoin til at falde. Hvad enten det er eller ikke, er kryptoforbindelser her til at starte som en spændende stop og en banebrydende måde.

Stat og helt sikkert nogle af de ting, der er begyndt at sige, er Bitcoin, men det er in-gen grund til at tro, at Bitcoin ikke kunne overveje andre meget vigtige systemer. I modsætning til det kan de forskellige forskellige behov og endda også supplere andet synergistisk, ligesom sameksistens af få penge og gode penge.

En anden faktor that mustn't ses bort fra, er, at Bitcoin er, an tidligt stage technology, where millions af dollars constantly exchange hænder, hvilket gør det til en dream target til ansigtsløse international hackers, hostile intelligence tjenester or just om enhver group of hippie coders.

FORDELE OF Bloker kæde teknologi

1. Disintermediation & trustees eksplicitte

To dele er i stand til at udveksle uden om formidling af et tredjepart, der reducerer eller er stærkt reduceret med enestående retfærdighed.

2. Bemyndigede brugere

Brugerne er i kontrol over alle deres forretninger og transaktioner.

3. Han er meget dad

Bloker kæde data er komplet, overskuelig, rettidig, præcis og bredt tilgængelig.

4. Langsomt, næppe og længe

På grund af den dårlige betydning, har blockchain ikke en rigtig god karakter og er bedre i stand til at modstå ondsindede forhold.

5. Process integritet

Brugere kan stole på, at planerne vil blive eksplicit, da de kommandoer, der er påkrævet, er nødvendige for en truet tredjepart.

6. Gennemsigtighed og uforanderlighed

Changes til offentlig **Bloker kæde** are publicly ses ved at alle parties creating gennemsigtighed, og all transactions are immutable, meaning, de ikke kan altered eller deleted.

7. Sandsynligvis forenkling

Med alle muligheder for at være en enkelt gammel hovedbog, er det nok til at skelne og bestemme sig for flere fordele.

8. Hurtigere transaktioner

Intensive transaktioner kan helt sikkert tage dage til at afløse og afregne, især uden for driften. **Bloker kæde** transaktioner kan reduce transaktionstider to minutter and are behandlet 24/7.

9. Lavere transaction costs

Ved at eliminating third party intermediaries and faste omkostninger for exchanging assets, **Bloker kæde** have Jo potential to høj grad reduce transaction gebyrer.

Udfordringer OF Bloker kæde teknologi

1. Nascent **teknologi**

Resolving udfordringer såsom as transaktion hastighed, verification process, and data limits will være afgørende i making **Bloker kæde** widely applicable.

2. Uncertain regulatory status

Because modern currencies have always blevet skabt and regulated af national regering, **Bloker kæde** og Bitcoin står over for en hurdle i widespread adoption ved pre-existing financialinstitutions hvis dens regering regulering status remains unsettled.

3. Meget afslappet overhovedet

Bitcoin'en hedder minearbejdere minde 450 tusind gange blandt andet for at kunne validere overvejelser ved hjælp af næsten alle former for computerstyrke.

4. Control, security, og privatlivets fred

Mens der eksisterer, fordi der ikke er tilladt tilladelser og andet kryptering, er der stadig cyber nogle bekymringer, der skal u dføres, før den rigtige annonce vil overlade deres personlige data til en løs løsning.

5. Intet bekymret

Blok kæde applications offer solutions der kræver significant ændringer to eller complete erstatning af eksisterende systems. I order to gøre Jo skifte, virksom-heder must strategize Jo transition.

6. Kulturel vedtagelse

Blok kæde er et godt skift til en rigtig god handel, der gør det nemmere for brugerne og de allerbedste.

7. Cost

Blok kæde tilbyder enorme besparelser i transaktionssituationer og tid, men hans selv hovedstad kan være afskrækkende.

Budskabet om englænder er nylig berettiget til betalingsteknologier, og digitale udsendelser berettiger, at det betyder, at det betyder, at det er et "teknologisk overblik", som kunne have langt nåede konsekvenser for den primære indflydelse.

Når en person laver en digital oversigt, kan han også udnytte en anden bruger. 1 Eksempelvis oprettes en meddelelse, der er skabt af 3 personer; et resultat af en række oplysninger, hvor de besøgende har midlerne til at gøre det store, vil de fleste af de ting, der er afgørende for, hvem der vil blive foretaget, og det er helt sikkert. Enhver formodning er, at den kunde kan blive meget udbredt, og meddelelsen er 'sættes i gang' med den rigtige signatur. Jo digital signature is comprised of en offentlig and en private 'key' or code, den message is encrypted automatisk Med den private 'nøgle' and derefter sent til network for verification, only den buyer's public nøglen være i stand til at dekryptere Jo message.

Denne vigtige løsning er designet til at sikre, at den daværende virkning af 'dumpede', der er en risiko på grund af, at netværk ikke opstår. Doblet er, hvor John giver $ 1, og så fortsætter han med at have den samme £ 1 (Paw har ikke behøvet at låne 1 £ i et par år). This mai seem incongruous med our nuværende banking system and faktisk, det physical handling of an exchange of fiat currency stops John giver away samme £ 1 twice men når der beskæftiger sig med digital currencies which are mere data og where der eksisterer Jo ability til copy or edit Det er helt sikkert, at det er rigtigt, at 1 af den rigtige valuta bliver lukket og bruges til at gøre flere 1. Det er en rigtig god ide. Det eneste der ville gøre dette ville ødelægge noget sikkert i netværket og endda det andet.

"Hvad det betyder er, at det bliver en undtagelse, eller hvis det aldrig er sagt, fordi det ikke er tilfældet i euroområdet, siger det som det blev brugt."

For at undersøge, at sagen ikke misbruges, er det ikke noget, der gøres for det meste, der er skabt af en bukker, og det er en af dem, der er en "blok", og det giver dem mulighed for at vælge frivillige eller "mere" for at verificere. Miners konkurrere with hver other to være Jo first to validate en block's authenticity, specialist software on home computers automatically seeking to verify digital signatures and sikre that Jo komponenter of en transaction message logically strømning fra Jo one foregående it at was used in dens creation og at det i gengæld skyldes, at det var det, der blev brugt i det, og det var sådan og det foerste. Hvis nogle af de enkelte komponenters be-standdele ikke er den eneste, er det sådan, at en utilsigtet løsning er til en vis, og det kan være at blive godkendt. En rigtig blok kræver 10 måder at validere og derfor for en grund til at gå igennem, selv om dette kan ses ved, at køberen ikke har noget til at

betyde, for at de kan være rigtig mere af-
gørende, løser minearbejderen løsningen af
den blinde "puslespil" belønnet med 25
Afsiger nogle tips, det er en ny valuta, der
er bestemt til at sikre, at det fortsat er nok,
at kunder fortsætter med at gøre netvær-
ket rigtig godt.

Ved ingen andre at finde en bedre løsning
mod den tidligere og bekræfte, at den blot-
te mulighed er den nødvendige for en cent-
ral myndighed som et godt skridt til at klare
det. Ved at finde denne mellemmand fra
den førende besparelse af tærskelværdier
af transaktionsfænomener, omgangstider
og lighed over, hvor meget og hvad et be-
greb kan gøre, kan blive afvist.

Lyder too god to være true.

Det er, at hver eneste af hans sager har sine
egne risici, fordi det ikke er ensbetydende
med det. Det er rigtig godt, at det er rigtigt,
at "51% trussel" er 51%, der svarer til netop

netværket, men det kan kun betyde, at der ikke er tale om en "pool" for at undgå transaktioner. Due to it becoming more costly i terms af time and processing power for an individuel to held validate en transaktion as en result of Jo network becoming større og more mature individual minearbejdere are now joining 'puljer' where de kombinerer deres regnekraft to ensure en smaller men mere retfærdig og kan ikke vende tilbage. I det tilfælde bør en pool, der kun består af 51% eller flere af netværksbrugere, det ville have evnen til at gøre det muligt at udføre dobbeltstørrelser eller nægte at undgå andre trusler, men ødelægge det i virkeligheden effektivt i netværket. Mens der er mere end noget i loven min, men at ødelægge det gennem bedrageri, er de 51% overbevist om, at det er rigtigt, at det er et godt eksempel. For at dømme flere puljer tager et svar på, at dette er tilfældet, og der tages frivillige initiativer for at få det rigtige, er det i det hele taget nødvendigt at opretholde et system, der kan fortsættes.

So ... despite this risk Jo Bank of England likes den thing der sounds ligesom it could sætte dem out of virksomhed?

BoE'en ser ud over Bitcoin og digitale valutabetalinger, og det er muligt at finde ud af, at blokkæden kan gøre eksisterende finansielle produkter og platforme mere lige og meget forskellige. En eneste, der kun skal betragtes som eksisterende, indeholder noget som aktier, udlån eller derivater, der er meget indlysende, men som på den måde er helt afgørende for at gøre det muligt for de enkelte at opnå det enkelte ved at gøre det muligt ...

... og vælge din egen børsmægler. Coloured Ciins er en project, der har til formål at tillade nogen at vende nogen af deres aktiver eller property intomething thengen de kan handle. Tænk på 'Antigenens vejshow'. Det

44

synes jeg, især når en lille person finder, at hun er ved at bruge en 1400-tallet skål med 200.000 £ for at få frugt i hende som dengang. Farvede mønter ville være den eneste af dem (eller de kan eller ikke) have en eller flere af deres indtryk, der udgør en del eller en del af deres aktiv, så de kan fungere særligt for andre formål og tjenester, en da der kun er en stor del af de 200.000 kr., eller de er 200, så de har en værdi på 1000 kr.

Similarly, en business kunne issue aktier represented ved at digital currency direkte to Jo public which could til gengæld derefter være traded uden need for an expensive IPO or traditional stock exchange og aktionærer could vote ved hjælp af et secure-system similar at how transaction messages are currently created. Byrne, administrerende direktør for en af USAs største virksomheder, som var den første online på nettet, lige til at udbrede internationale. På nuværende tidspunkt er der planer om at oprette en sådan enestående løsning på den blinde kæde, som han håber vil udnytte aktuelle iboende problemer. sådan som det er "kortfattet", hvor de måske kan sige, at de ikke har de som skal dele priser, og som var velkomne til faldet i de fattigste britæere.

Indførelsen af aktiver kan også revolutionere den industrielle industri. Kickstarter er an example af en platform that facilitates den funding of produkter ved at mikrobetalinger from interested members, often in return for lille mementos upon completion af Jo project såsom signed merchandise eller en copy af en of Jo first produkter to være produced. Med det kun at betyde, at det er en, og det er aktier i det og alle fremtidige forhold, for eksempel kan investorer være mere indlysende til at være meget mere tungt.

Og på grund af at skabe ... Vitalik Men har nok fundet £ 15m i mængden-finansieret finansiering til sin Ethernet Præcis, som han vil repræsentere fremtiden for den blotte mulighed. Den rigtige ordlyd betyder, at programmeringen lader sig gøre det lettere at opbygge kun nogle former for tjenester som sociale medier, meninger eller bestemte fora som alternativer til at køre via Google, Fed og Twice. "Du kan skrive noget, som du ville være i stand til at skrive på en server og lægge det til det blotte," Buterin blev vundet. "I stedet for at Javascript skal gælde for serveren, ville du gøre det muligt for blockchain." I øjeblikket er der næsten 200 uger, der er opbygget, hvilket betyder, at nogle registratorer, nogle af deres planer og computerspil kan køre på Ethereum, er "andre", der skyldes stor udbredelse af platformen, som det er nødvendigt for dette.

FRAMTIDEN AF Bloker kæde

Udgangspunktet for blokken, der kan for-
bedre det, vi kommunikerer, banker, gør
vores aktiver til gode, er kun begrænset af
den store betydning, som Vitalik Buterin og
Ethernet er muligheden for, og muligheden
for hele tiden til at komme i stykker.

Fremtiden kan være dannet af blomstrende
teknologier. En rigtig glædelig komplet med
en enestående udvikling vil ikke kun være
en massiv reduktion for alle deltagere, det
vil ændre global bankvirksomhed. Bitcoin vil
gøre for nogle, hvad e-mail var for at kunne.

- Bloker kæde vil være vedtaget ved at central banker and cryptographically sikrede currencies vil become widely used.

- Någes også vil fremhæve digital ledger teknologi, der vil blive brugt til at udnytte og udnytte de grundlæggende muligheder, der tilbydes af dens Nasddaq Private Market platform.

- Den settlement of currency, equity and fixed indkomst trades almost instantaneously through permissioned distributed ledgers skaber en betydelig mulighed for banks at køre efficiency and potentially create new asset classes.

Control

- Nye teknologier, som Bloker kæde, har potentialet til at reducere sine omkostninger ved at foretage en gennemgående autentificering gennem en videregående vejledning.

- Det er heller ikke grunden til, at krav til manglende evne til at skabe og forklare noget, og at det ikke er muligt at gennemføre noget, kan ikke opfattes som et helt andet lederskript.

- Det kan ganske vist være muligt at bruge mange kontrakter, der helt sikkert alle huslejer, når betalingen er sikret, og forsikringen er bekræftet under en blivende rekord.

- Et køleskab equipped med sensors og connected to Jo Internet kunne bruge Bloker kæde to manage automated interaktioner Med den external world-anything from ordering og paying for mad til arranging for sin egen software upgrades and tracking its warranty.

- Små buzzer kunne gøre det muligt for at skabe tillid til placeringer blandt dem.

- Bloker kæde couldt inly hjælper bring robusthed an d transparency til the some-instereee environment.

- Nye tanker som Bloker kæde har til formål at reducere cybersikkerhederne med det samme selvom de er under en synlig hovedbog.

- Et bud kan betale sættet øjeblikkeligt over internettet.

- Bloker kæde tydeligvis vil alligevel timing in risk.

Forbrydelse

- En ny Bloker kæde startup har claimed sin software could hjælpe track down criminals hurtigere og billigere end no-gensinde.

- Ikke desto mindre advarer det om, at en ny dårligt kaldt kaldt Bitcoin kunne blame for at hjÃ|lpe undvÃ|r drikkere til at blive buzzed.

Implications

Banks.

- Bloker kæde vil være i vedtaget ved at central banker and cryptographically sik-ret valutaer vil become widely used.

- Bloker kæde could replace central ban-ker.

- Real risks remain for banker that choose to get involved with cryptocurrency firms.

- Bloker kæde technology kunne reduce den UBS's infrastruktur costs in cross-border payments, securities trading og overholdelse af lovgivningen ved at as meget as $ 20 milliarder om year ved at 2022.

- Jo number af applikationer within og uden for bankerne could blive reduced as den Block chain transaction indeholder all relevant oplysninger for Jo vellykket transfer af aktiver og / eller related contracts.

- Deutsche Banks økonom sees Bloker kæde as en threat fordi of Manglen på IT-infrastructure til support Jo technology involved.

- Ethereum er, meget more general purpose end Bitcoin og could være useful til banks.

- Jo future af finance i many nations could blive dominated ved at Bitcoin og cryptocurrencies.

- En private Bloker kæde drives af banks could end up as bare "another cartel" and function as poorly som payments konsortiet.

- Banker could become Jo "custodians af cryptographic nøgler".

- Jo Bloker kæde could save långivere op to 20 $ milliarder årligt i settlement.

- Bloker kæde teknologi could blive used at bypass today's centraliseret finansiel infrastructure helt.

Industries

- Time og education will nødt til play en role as other industrier er just realizing en of kernen innovations af Bloker kæde is its ability til reduce or eliminate trusted counterparties in den transaction process.

- Bloker kæde har potentiale til at skabe nye muligheder og forstyrre nye teknologier og løsninger.

- Bloker kæde teknologi will gøre om i verden even smaller as det increases den speed and efficiency of transactional activity.

Governments

- Jo future of finance in mange nations could være dominated ved at Bitcoin and cryptocurrencies.

- Bloker kæde technology could være used to distribuere social velfærd i udviklingen nations.

- Elections are currently en expensive og arduous. Takket være Bloker kæde tech de vil soon blive instantaneous.

Den blotte måde kan ganske rigtigt ændre verden, hvilket gør kriser mest mulig forkert og afgørende for den globale handel. Det kan også komme ind i den relative overvejelse af nærliggende afgørende innovation. Det er vigtigt, at man overhovedet bliver eksplicit. For det andet kan du gøre forskellen ved at give det noget plads.

www.ingramcontent.com/pod-product-compliance
Lightning Source LLC
La Vergne TN
LVHW042257060326
832902LV00009B/1084